호종일기 원본

韓國學資料院

今人也供億鮮即
一喜慰服其為人之可
乃都巡察使
支案二實賣濱地界
男心二上善省寫
總經算觀布理發公
大同
蔡元素郎

咸平李大司諫壬辰扈從日記卷之上

初頭見落不知幾張

方伯趙公德甫仁得勤幹忠厚人也供億鮮明隊伍整齊似有大人舉動私自喜慰服其爲人之可尚未久 特加德甫嘉善拜都巡察使

七日早發陪向中和觀察使宋公言愼來候地界威儀罷具似加於海西矣點心 [illegible]

同參議鄭士偉佐郎李覺[illegible]箕城觀節迎儀[illegible]則被徘於京城似有中興之[illegible]大同[illegible]

八日仍留 翌啟可惜 都元帥金三宰命元來[illegible]

九日無事金同年呂蒙狩燒酒来倩

十日無事此日同知叔父被罪於臨津雖曰當初不能死戰之致諸將之棄城逃避者滔滔而獨三寸受其罪極爲寃痛

十一日無事李政承陽元自京中走避於漣川地同召募散亡以爲把截楊州之計云韓四宰應寅以諸道都巡察使領江邊士兵及海西 此下八日落失可惜

之輕進則俘也反欲行軍律故不得已同進遂作水中之寃魂可惜可惜朴忠侃處諸將得功不知自何所來到見江上諸軍潰散郎騎白馬逃走迷劣守

把軍見忠佩之走謂其　將亦一時分散都元
都巡諸將艱難送裨將追集而太半已散未能收
拾忠佩之罪不容誅矣而尙存首領痛矣々洪君
鳳祥李儀榮聞李鶱之勝乘舟越江纔及岸上諸
軍一時亂下馬蹶落地而亂刺所斫死雖因輕躁
之致死於不必死之地可憐々々諸元帥雖拾集散亡
哥把津上將卒無固志後日之憂不可說也楊州
大軍亦於是日接戰于接院驍騎先進酣戰未決
左部先潰以致大敗兩處大軍同日見敗亦云天
數痛哭奈何然亦莫非由於腐詐之不講諸將之

不協以至於此究厥所由誰執其咎是役也軍卒
之死幾至二千餘名中陸南瑜李用濤等十餘將
士將赴水死全汝律晏陳己見濫授堂上手章誨
西軍千餘名亦同時濟師并爲蹂躪只係三十餘
騎也可痛憤惜朝廷軍律不嚴何以扶此常履之
基乎
十九日講武于演武亭本府軍士及江邊列邑士兵
並爲衆會賈華三巡騎射一次六兩二矢規矩也
觀其形容赳々千城一可當百以兩或射或止連
三日乃畢以次施賞士兵方承範者居首　特命

直赴殿試李同年航芳持燒酒来侑入夜而罷
廿日無事臨津縣書初更来到加抄士兵三百餘
名郎定將令送于臨津都巡都元等處使之堅把
趙公濰同宋誠持酒来侑與之穩話
廿一日樓院縣書亦又来定士兵百餘名郎送于
都檢察使處京畿都巡察使權徵訳聞流傳之言
謂檢察使李陽元已遞兼兵之權通文于都元都
巡等處動搖陽元使楊州軍情解體權徵之罪不
但推考而已也痛矣 朝廷執柄者當此之時亦
以東西爲意議論同於已者雖有重罪庇護百端

有若子弟之衛父兄一家事若此矣何以扶持將絶
之縷脉乎
廿二日無事以申恪違都元帥之令 命宣傳官
行刑于都摠察使處恪也當初漢江失守之後宣郞
蔑到臨津與都元議處乞事可也不此之謀顧念
家屬身赴楊州處置家累然後不得已往赴都摠
察使其受罪也宜矣功過相當及赴摠察使之後
召集軍卒與倭對陣終致楊州之大捷自東萊數
鎭陷沒之後倭賊所向莫不望風奔潰獨楊州一
捷全勝獲利雖非申恪獨力之致恪也身先士卒

以至成功其功不可視以尋常也抑至申將之欲
赴都元幕下置在手下者皆李相所自爲而及受
行刑之命又探李柳兩相被譴之時三相同罪之
言不能自定遂使有功無罪之申將終使含寃入
地而無一言 啓稟自己挽留之意申將有功之
肉痛惜〻〻軍民上下莫不嗚泣曰功之巨者莫如
申將而尚且被刑吾等雖欲爲國允義誰復知之
者軍情若此雖欲不散得乎
廿三日臨津軍卒日漸流亡似難守把云
廿四日無事康同年進士德立單裙一事白粒一

斗辯友黃州教景、單裙一事 督友大雯單裙一
事 全同年都將呂商尊裙一事 行巾二事 柳溥川
海 綾非中秋莫一 行巾一事 草鞋一部 李同年
叅奉能芳舊草綠氈蓋一事 或前或後而教之 菴
無友之顧念當此衰乳之際 何以濟此飢寒 柳溥
川海河順安孫秀濟之之送米饌教之 成雲山大業
享叔送寺米致款 其情義不淺
廿五日 無事 同判相從 大同門上餞餉江邊 至兵
之之精銳 半不如前日之試射者
廿六日 無事 吾雖陪來 父親不幸得此兵屈方

在曹司中晝夜無寸暇未得尚侍而 父親違患
水痢或歌或劇家主老妓李真性頗穎悟者竭其
自己之有晝情餉進頗稱其適口其女成難自謂
鄭慶善之愛物視其外無足可觀只一薄惡桩物
但歌詞冠於箕城因以有名云方在喪亂厭劇中
之未得一聞其妙音則何以〻聲而取之乎李真
之恩宜不可忘而亂離若此平定期之不可預料
徒自銘心而已
廿七日李蕡等諸將於豊德地方與倭賊水戰勝
頁未決倭寇又自外面潛師以圍李蕡軍大敗僅

以身免餘皆覆沒倭寇又自照廣浪潛師以渡把
截之軍各自逃生一時潰散賊倭遂直向松都且
都巡察使所把處賊倭等多作浮筏不避矢直
渡其前應寅先自逃走諸軍亦一時解散都元帥
之軍亦從以逃散諸倭同時渡江直進松京或云
賊倭乘曉渡江都巡軍卒覆未及起々而視之則
賊倭滿渡口不得已潰散云似聞應寅之在臨津
也分定各官使之輸進褰杲稱餧延日令送于家
累所在處及其軍敗之後欲率家累也則侵責各
邑多發刷馬以馱其妻子及卜物云爲　國大將

先公後私之義果若是乎麾畫之罪不當容赦而
諫官言之不翻旋諫旋止將焉用諫官哉
廿八日無事隨　駕諸僚中有父母者居三之二
妻子則人皆有之或陷於賊倭或從於我國之賊
者比比是聞人皆悶迫陳　疏辭退者延七八人
大臣以爲若此不已則　扈從不多之官將不日
而盡散不得已明遣凶變者外一絕勿許事入
啓自此諸臣中雖有悶迫之奇而無辭去之路或
告諸賓廳而馳往者矣余則異於人　嚴親方在
行在中雖老母露宿奔竄於草萊之中其於辭去

尋覓也不亦難乎遥想 老母今在底地思念我
父子 追從之苦而飢餓困頓竄伏山谷間乎存
亡去住漠然不知始同李裕甫徵聞與柳詢之一
家同在松山緖因李昌後從於五月初五六間路
見知伯於松山則將有難之避志云自此之後徒
切心思夢想而已片言隻字無從得之五內分崩
心神喪失前忌後失有若病狂者然荊人之病國
人之所共知幸賴祖宗之佑得免死於亂鋒之下
而顚仆於溝壑余日望之只緣子女滿[眼]幸而不死
於逃路之中則後日養育之難苦有不可勝言〻

念及此我心如搗和伯之中涅綫平者亦何以行
步於風雨之中而保其病軀乎父母兄弟妻子各
散東西死生存沒無知之從以瞻望長天只自號
泣而已
廿九日臨津失守書狀入來京師戒嚴或云 殿
下當出以避賊鋒或云堅守勿去以固人心二論紛
紜莫適所從而 殿下則欲避宰臣則欲留矣中
間浮說以為倭賊飽聞松都有貨物若入松都以
厭其慾則必有退去之志備邊司亦以此為意淺
灘諸處不早為許斥候等事視若事外悠悠流人

伴食無爲四國無人一至於此其能免於顚隮乎
六月初一日會江邊士兵及本道諸邑軍士分二
運試射于演武亭貫革三巡規矩也士兵金瑜府
者金壽樞居首并爲直赴殿試其餘或直赴會試
或賞戰馬或賜箭竹有差
初二日 殿下欲使 世子往平壤而 先往寧
邊以避賊鋒監司宋言愼左相尹斗壽獨對固爭
以止 上行然猶豫未決午後 命世子出臨于
大同門會父老曉諭道路莫不垂泣而觀聽云
三日早早食後 上親出大同門曉諭中外若有

告達之辭冤抑之事一切求訴一挨勿徵之由從
役蠲免之事并爲開說則父老軍民莫不踴躍頌
首各言其志或稱其冤并 命一一採施有一軍
卒金珍者自言以江邊土兵屯戍比他極苦前者
特命本道試射武士之時珍居首焉且又得捷初
試者累矣尚未蒙 恩命極爲冤悶云 上問曰
然則汝欲何爲珍曰欲爲及第耳 上曰及第不
可無端爲之欲試射以觀其才大臣之意如何◎
四日自 上初欲出避爲堅執大臣所牽制欲使
中殿後宮先避于寧邊遂分遣百官使之保護道

路．嚴親則得與而無余名余以為老母存亡雖
不能知只以奉侍　嚴親是慰哀亂中罔極之懷
今又分作兩地之人未知何以為心而又念我
老父之動靜心膓俱裂如癡如狂備邊司以兵郎
朴君子龍東亮以本司郎廳詳知首末請以他郎
官陪啟　中殿東亮則仍察前任事入啟郎依所
稟而以余代子龍此天所以使我父子生死同地
一感幸之至喜亦如狂諸友皆目余謂亂離中福人
五日早〻朝治行謂城中居民因此避出者必多
是送兵郎于普通門先出前後射隊整齊于門外

府居父老等以爲 主上雖不避而 中殿若更
則府民無固志將有逃散之心攘臂大言似有作
亂之狀大臣將此意入 啓遂 命中止痛矣哉
方 主上居洛之日不能以死守 宗社之義歷
々陳奏俾明 主上曉然知其出避之爲不可徵
兵諸道以爲入援之計使三百年休養之生靈不
膏於鋒刃之下可也爲大臣居廟堂之上者不此
之謀乃於箕城又以死守期之脅制 君父使不
得出避又傳 中殿將發之駕大臣爲心余不能
知也將以君 君父遺賊倭耶厥終之事余亦心思

而憮然自失者累矣今日大臣雖不知居洛時而
賓廳論議不謀而同可謂前相後相其揆一也
中殿初欲向寧邊因邊之急將越北道故以陪向
慈山命下
六日早朝陪　中殿東宮嬪後宮向慈山右相俞
泓右賛成崔滉同知朴應福兵叅李廷立敦都正
柳自新刑議洪仁傑内乘朴東彥僕副朴應寅副
率命大建洗馬柳希奋及　父親與余從之黙心
于平壤地東院夕宿于慈山郡供億之事極爲艸
〻是日約行九十餘里官奴等憑勢作弊猶夫舊

也痛甚〃
七〃日亦早發以五里外有津只一小船可容五六
騎爭船競渡處有覆沒之患故使余先往看涉余
郎馳往津頭命下人以止爭渡之人差晩　内殿
至此不得已開帳幕于草菜上以待卜物盡渡然
後遂導　駕前渡越邊亦設帳幕少憩以俟畢渡
後齊向殷山郡則日已向暮矣是日約行三十餘
里余雖同　父親以來以兵郎之故日〃直宿于
行官門外若無朕忝議叔主何以慰一老父無聊
之懷

八日早發點心于川邊到古順川倉主倅黃瑗雖
已來凡事忡〻不成貌樣俞崔兩相欲稟命于
中殿薄示責罰于主倅則　中殿特命止之遂作
假家與李都事通韓都事大用同宿焉　父主亦
與洪希議同宿于墻底假家是日約行六十餘里
所經山川雖非可觀山深草茂可作避亂之地矣
九日早發點心于一川邊送余及朴同知先往孟
山看審客舍頹破處使之圍把〻予即馳馬以入
則主倅崔公滿與余居館時久要也相對殷勤命
進牛肉少許矣周視東西上房塞其可塞之地圍

立把守於前後面使外人不得窺見遂出大門上
少憩　東宮內人使人于余曰　東宮纘解身來
久欲得好艮醬甘藿云即使縣人圖入城而朴同
知追來亦周視東西兩房郎同余憩于大門上食
頃　內駕庚至近于門外仍與諸友休于門上江
原縣召使黃廷彧書状來到俞袒開視則淮陽亦
有倭賊聲息云欲留則恐違　上命欲進則不知
北賊多少方趦趄未決遂招主倅問其東海路險
彧則答以山路極險難行　內駕云此路不至於
險而若由此嶺則支應等事並山獨當之欲避役

只與下人同謀而發此奸詐矣云云此亦未決意越
嶺陽德倅洪蘊祥來到問其水嶺險夷則答以險
則險矣已措備家支應等事可由此路以越云矣
郎使之馳往林末措置支應等事是日約行六十
餘里崔俔爲人心慈大發動輒侵人吾父子連被
大辱之說云云
十日以淮陽賊憂未得前進仍留
十一日由寧遠以越險山嶺則山不險而路甚捷
可直下咸興府遂早發向德川郡縣心于川邊使
余先往看審　行宮處躁豪遂馳進依前圍把後

少憩于大門上樓也東宮內人作水雎飛送余解飢
以建日使進蘆場所入也俄而 內駕戾止遂迎
于門前乃與諸官憩于門上以淮陽賊變具由馳
書以稟去留于 行在所是日約行七十餘里
十二日留宣傳官持 有旨以來使之陪來寧邊
然欲見書狀回報連十三日留 二日留待
十四日俞相以為 上既命陪來寧邊而以北道
無賊變危急故欲越去今又北有聲息勢難陪越
莫如當遵初 命遂 啓稟早發點心于一川邊
仍越卯吉古介其嶺多石峻險難而長遠非因馬

所可越也僅越此嶺下憩丫一川邊則成雲山大
寨奉　上命來言曰平壤之圍極爲危迫　中殿
則直來寧邊于　東宮嬪則使宰臣一人陪向北
地此處亦分向西北矣云分離之際論議不一內
人內官當欲往北道故陰稟于　中殿以爲若欲
向北道云則大臣不敢違　中殿之志又以箕城
危逼之言恐動再三　中殿不能自定累度　下
教于大臣欲同　東宮嬪以越北道云俞相二三
陳其不可不往寧邊之意而終未得　允可將欲
具由書狀而後陪歸北地緬以宣傳官及副率柳

希聘自 行在奉命馳來一如咸享叔之所傳而以北賊赤熾俾東 宮嬪不由北路而陪向江界府矣因丙官人聞 主上與世子將分向二地心思惘然不覺聲淚俱發也俞相更陳其不可違上命之意而 中殿猶堅定不許俞相曰古之大臣尚有面稟王妃者吾何爲獨不然郎進伏〻御幕外親陳其不可不遵 上敎之意懇〻不已則 中殿不得已遂勉從之同 世子嬪陪入价川郡日已曛黑矣是日約行八十餘里覩此一条似有大臣風不可以人而廢其善

十五日在价川間　上行尙留博川四更頭啓行
東宮嬪將向江界故不與　中殿同發于曉頭渡
清川江流一江入憩于寧邊地偃武亭奇岩粧石
削立左右若過平時可作遊覽之一勝地也朝飯
後遂入于寧邊轉向博川則　主上尙留待不發
矣米食須李孝彦以都巡察使從事官持箕城敗
書而來　上遂命催行將向嘉山諸臣力止不得
三更頭　駕發諸僚隨行僅三之一或落後於前
日或不隨於今日行色艸艸極爲慘惻吾　父子
本不在侍列中當初雖不來可也只緣自先世之

受 國恩〻不可忘也 君父有急奔竄草萊雖
不在侍從之列豈忍恝視而不顧乎置老母妻子
於病第之手而決意隨 駕艱関辛苦之狀有不
可盡說而亦不以此而無驚分撓改初心也不幸
嚴親飲食不謹坐卧不擇連患痢病或歇或甚及
其 中殿陪行之後連進冷水遂致痢症依前無
藥物可救悶遑奈何又不幸而見辱於崔滉痢勢
加甚及到溥川之日專廢食物只存躯殼人子罔
極之情到此極矣又不幸而 駕行遽有人馬俱
疲顚仆不起勢不得隨往反顧初心不堪忸怩嗚

吁當此流離之中不幸而遭此三不幸以至於不
遂初計悔身何及是日約行九十餘里宿于衛外衛
前廳
十六日早早朝俞仲植來到吾等寢所曰吾父子
亦落後欲向北道處逢我國之賊若欲向北同發
可乎吾等曰諾遂同仲植往謁俞相則俞相方立
俟門上矣宋郡守都海自戰所來暫對相見而別
遂催行與俞相泓洪參議仁傑許都事所俞副章
天建同吾父子向雁川路早過寧邊府遂入路邊
者姓家朝飯其人姓名頗知 又親從政時所

為事甚詳悉遂進麥酒以致慇懃仍與洪叔邀仲
植共酌遂前進至石橋院騎步之人無慮三十餘
立于院邊遠見吾輩來到盡爲鳥散以爲行路之
人不以爲怪右相入接于院吾等入接于倉安歇
未久居民百餘人持杖圍立于倉前余問其所以
則監〻輩答以賊息甚急欲受出邊上齊到云余
深恐夜半作亂遂告諸洪叔及　父親欲移宿于
俞相所寓處只緣夜已向闌移寓似難排致其中
頭〻人再三詰問力言其不可作亂之意則其人
亦有人心者郎開悟前非仍跪曰當圍宿于門外

以防他變然中心爲信達夜彈亐坐待此夜之艱
苦有難形容是日約行七十餘里
廿七日早發朝飯于川邊夕到熈川地山下下院
得聞　世子尚留熈川郡以日暮未得前進仍宿
問諸居民年老者詳悉其險山所向之路書諸寸
紙以憑後考是日約行五十里
十八日早發行到熈川縣前川邊則　世子時未
啟行云右相早先進以爲江界雖有狄踰嶺江
邊一帶無可御倭之地莫如由險山直向豊沛之
鄕以爲圖復之計但北道消息亦急不可不差人

探問以悉緩急而後定其行止也　世子然其議
遂由長洞指向踰山吾等與洪叔許景晦仍宿于
憮川畐諸王倅略得行資是約行五十餘里右相及
俞伸植陪廿　世子以行遂遑同行之約
十九日由東路指向真珠巨里洞行十五餘里過
一長川艱難過涉招致居人有一年少者衣墨衣
着平凉来謁焉頭問其姓名金忠慶也詢其前路
頗詳而又欲其前導遂因以帶韋行過一里許金
也仰謂吾等曰家兄廼幕在於路邊可以入憩仍
爲點心吾等曰諾遂導行〃十里許引一條閭新

造制甚宏壯眼界開濶一坐于大廳遊目周覽則
一帶長川橫卧軒前鳴咽長鳴晝夜不息遠遠奇
峯或隱或現屛伏奇壯望之不盡可謂隱者之所
盤桓而當此之時亦可以避亂逃問其主人之名
忠度之先忠庵也方在母喪中云遂以水稲和五
味木以進殊覺爽快儀進甚心豈修精楚高出於
務脊之列邑而冕四之藏隙有同京中豪侈之家
其爲富必冠於一郡者也只以主人在喪中盤無
肉饌但設黃鷄一冕而已仍與洪叔對奕數巡而
罷僕夫以日晩告遂別主人于前川主人之本意

侃者又追来告謂催行前進不失川路至所謂兵
弁家則日已向夕遂投宿主人雖愚頑村夫頗似
款厚是日約行六十里
廿日早發行十餘里進所謂汄圭乃古介萬木森
矣不見白日只有一条小路並々前進行四十餘
里始得一村舍朝飯後郎催行前去遇一大川得
一木舟載渉卜物至日暮艱難畢渡遂催駕馳進
之際雷聲大震黑雲四塞雨下如注寸々艱苦乘
昏投入山下空院則虫之至細至微有同糠粃者
交集于人面及肥膚旋去旋反其類萬億攅拱食

之人不能堪問其名則俗所謂刻多古伊而蚊虻
之一類也遶胷爬揚滿身咸痱過數日則有若大
疫之餘咸殼解焉因書吏黃仁敬失其火鐵未能
出火不得炊進夕飯可痛可痛人謂有烟氣則此虫
不能飛集云而一失火鐵既闕夕飯又爲徽虫所
侵一舉而兩失俱焉仁敬之罪似難容貸而非自
己奴子之比置而不問還可一笑然亦非莫吾等
不幸之致雖咨咨是日約行五十里
廿二日早早啟行至一村舍寧遠官人過去聞以
此義亦急不可前進云似不可因此停行遂入憩

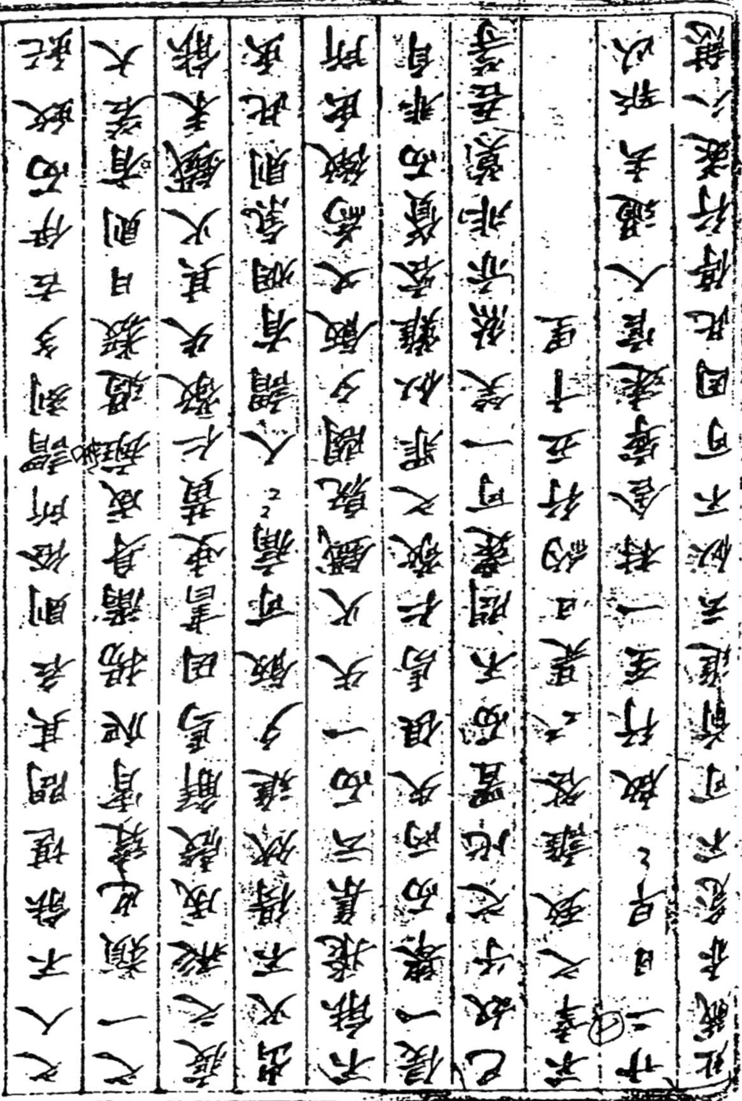

作飯以進狹板則欲下去學溪以覘賊勢 父親則
欲前進陰山以覘賊勢二議遂分而終決於前進
遂催行進去陳化倉則 世子侍來來到倉底只
有一民舍空廢已久矣艱難覓火於前川越邊家
座首家銜火以遂飛集之處是日約行四十餘里
廿二日許景晦以北道賊熾不欲前往遂擕手泣
別早早啟行至一村舍則有武夫入接問其名則
仁川府使李府言廣州牧使金友卑前萬戶鄭希
孟也自北道由陰山路始越來者也問其北道
消息則賊勢亦熾似難輕進云遂約與同行仍留

馬許佐郎[illegible]景亮自 世子行宮欲探賊倭消息
適來見吾等留在仍宿許景亮力陳 世子賢聖
欲使李仁川全廣州往赴 東宮仁川則首肯者
景矣廣州則托而馬塞無歸附之意景亮與鄭萬
戶有同里舊契既約其同赴 東宮又約其同探
賊倭消息余遂與景亮共對一兜而食夜又同寢
一房毒蚤無處不在只以烟氣之故不得肆意飛
集是日約行二十里仁川廣州皆負前約不與吾
等同越馬踰嶺
廿三日早別景亮之行黎明登程指向馬踰山峽路

迷失道彷徨之際羽林衛金慶逸李泰康追到郎
共尋前路更進十許里則樹木蔽天陽氣不入僅
緣棧道而行幾至四十餘里至一川邊遂秣馬炊
飯夕到張世輝家則世輝云此下一里許有一村舍
前植松株可以偃息於其下郎馳馬下來則果然
矣遂投宿主婦謂厥夫往戰所未還若有愁悒鬱
悒之狀吾等以爲〻夫之情上下無間相對憮然
日暮時厥夫來到似有慇懃難待之意其實則成
同知壽益公曾主此家與厥夫粱潰者謀指一山
寺以避其跡恐他人知之似若粱貴自戰所始來

者然視梁貴爲人語言不直事々奸詐謀欲欺人
而後已此夭妻眞俗所謂彼生娚妹也是日約行
六十里
廿四日留欲進欲退俱爲狼狽不知　老母妻子
托身於何所流離飢困於山谷之中飄衣旅哭不
得同聚一地憂患共之言念于玆五內如焚所重
雖不在於此而亦有不能食息忘者吠其卑自勝
下之眷而抱負之情加於他兒也自吾之始令於
門外家也順也來抱吾項曰吾父々々好往々々遂執
我面哥三遍口而後已吾不能對含淚而別自此

之後念及順也有淚盈眶或時〻嗚咽不能忘吾
忘吾之忘吾亦不能知其至此極也未知今在底
地呼我而悲鳴飢餒困憊耶抑無乃已作泉下之
鬼而不知其呼我耶何物小兒使我傷情至於若
此之甚耶益覺爽顧其重反在順兒之下耶所重
雖在於三兒而一念之亦不能忘者順兒也因程
松樹下不勝無聊問諸主人則有假造傳奕云仍
與洪杖睒寂
廿五日又留宿欲成同知壽益成都事晉善成瑞
直浚來過欲向府近村舍以探賊變吾等亦同時

齊發行十五餘里越一小峴兵營鎮李連好
称名人来謁于路傍俄又討民十數来過問其倭
賊聲息則方留在文川郡云耳 父親以爲似聞
吾等家屬在北道云若同君等向于淮陽則尋見
家累也極難吾父子還從連好家以俟賊退而後尋
覓諸處以冀相見咸洪兩令公曰兄主之意誠然
矣遂分手以去吾 父子還尋来路至所謂李連
好家有舍翼然財頗豊饒雖非金忠亮之比亦可
謂甲於一鄉者也釣魚于前川獵獸于南山滋味
不淺云是日只行十許里地名永興羅德大叔只

廿六日 當主人進小川魚一磁鉢乃得於前川者
也作湯炙以進殊覺口味之軽 父親近以痢患
凡物皆未適口得此滋味於飢难中主人之恩冝
如何報也午時又以木麥麵和蜜以献仍進少許
更調醬湯以進 日暮時許景亮鄭希玄哨探還到
問其声息 永興德源則無賊變以緣居民盡散家
之空虛但聞鷄犬之聲慘不忍視 世子似難由
此路當取倫山以趍然當在大臣議處如何 公郎
呼童子作白粥以進則主人先進木麥麵二兒俄
告白粥已熟許鄭兩君皆甘喫辤去慮其無粮遂

付下人白粒二斗
廿七日留久在四圍山中不得暫見 老母心懷
之罔極宜如何但侍居 父親之側斯可一慰耳
金君慶𨗉稍知弄手者欲以爲 父親傍視之資
以繫午膳搜得主人之有武與言對敵或使金羽
林及主人相戰非但却膳亦可以暫時忘飢難矣
朝時主人以献川魚一盤係前供進平時主家亦
妾又調進麥麪一器午後雨脚高肅炎蒸似收主
人與禾玉持網俱走赴前川獵呈一大魚鄭翁食
松魚也主公遂使禾玉割半以進炙而烹之其味

也豈川魚之所可同議實飢難中求易接口者欲
供　御厨而不可得則勢不及於奔竄中　老母
之菜食之嗚咽反不知其味也秉玉者秉與官奴
而避飢曾來者也府妓蕊春亦避飢來到郎主
婦孽芽也雖非薄植亦非妍美然似可謂横行於
一府中者也方在離流心飢中不得一引而相對
彼必謂我猥風情還可一噱也
廿八日留此日乃　明宗大王承建之日而　主
上西巡賊倭滿一國尋　陵無人香火遂廢南望
墓山不勝痛哭此地氣候與京洛絶異時當夏末

山杏蒲艶爛之呼之望子摘來以爲和眠之資此日亦
或雨或晴
廿九日留終日大雨前川漲溢人馬不通午後主
人又捉得松魚仍罰進四節而獻吾等二許金李
兩羽林三三適及於分魚之時自以爲喜幸烹而食
之頗覺滋味之異於昔日也云川聲咽咽來鬧我
耳卧不能寐轉輾到曉主人之子應李年甫六歲
與英兒同甲者其形貌可憐憐
七月初一日留此日乃 仁宗大王忌辰也但自
行素以盡平日未慕之微誠耳午後主人供進麥

餅二兜郞與下數斥分給奴輩終日下雨夜間加
甚今雖開霽人馬則難通於五六日之內主人云
余自廿四五間小便赤濁大便乾燥余不知其病
發之源必由於積日勞心之致今無醫藥可救之
路則不幸而症雖日甚何以治療乎小便赤濁雖
不如初日而日久未蘇經爲悶慮當此之時莫如
寧死無知余欲如宲化去不欲知人間事也
二日陰晴霽雲不開竟夕而陰食後金李兩甥林
來見移時對話且爭奕數巡罷而午府主人持燒
酒餉之然天性極爲吝嗇　父親以痢患不進一

夕余獨對五兒頓忘亂離中懷把千後進杏仁粥
半不如京家所進然百勝於元味
三日庚申留晴金李兩羽林来見午時主人進參
麵四兒與金李共破主人奴子自府境来説賊倭
自高原西面水骨直入永興府搜探府延山谷避
亂之民或避搒或逃散云連日大雨山水漲悪未
得更探消息有若被囚者然困極之之延因永至細
聞金歐承貴榮尹判尹卓然黄府院君廷彧保憑
臨海諸君作奬事不勝痛甚 主上避出西都
宗社已墟此何等亂離而三宰相前後欠蝶有若

平日五時進饌水陸極侈以永興之雄府〻中之
儲四日而盡則其他殘縣何以支當宰其家累枚
客舍偃然使公家支供少不如意捶楚繼之云黃
尹二宰相固不足數至於金貴榮以 先朝舊臣
不念國事之危急而與黃尹同知貽弊於列邑若
是其甚痛憤〻〻余在箕城因人聞之俞相子身公
然破壁偷出吏文學官李鵬祥財物及其事覺而
厥主推之急則只還其小〻不緊之物反打學官
奴子其於強盜少無間然曾與俞相同行也竊覩
其所為欲永執其厮属也則重杖馬主使之落後

君子之爲心果若是乎天而宰臣貽弊百端行同
盜跖小而宦奴憑勢作弊民不堪命而將臣迎賊
延敵敎死不聽若此而國不危難矣
四日辛酉晴留食後陽開金李来見或對話或爭
奕以破寂寥之懷賊倭消息以山水深且險惡未
得哨探漠然不知悶〻望〻主人與永玉持網遠
往十里許又捉松魚一尾分半以進 父親方以
無饌專廢朝夕之供極以爲悶得此半尾珍〻極
幸〻
五日壬戌留或雨或晴終日不霽西北消息無從

知之悶極々々金慶逸来與之爭奕以為暫時忘憂
之資未末開霽陽現似聞倭賊来擣山倉延處云
雖非實言心事惘然不知善處之術自此距山倉
二息餘云臨夕還雨夜轉甚到曉又晴小便令似
微黃辛々
六日癸亥伏晴主人多發恐動之言以示厭苦之
意此間事極為難處早食時送隣人偵探則與山
人同来細傳倭賊来陣于正兵陵岩延處似有上
来之意以山水險惡未得渡涉云所傳之言雖非
的然不可謂不實而不為之動聞曉定欲還向山

路前川深且險甚以殘弱宮奴何以過涉極悶悶
金𤪙兩司僕亦來議欲與同發主入作旦泡以進
家君曾所嗜好之物郎進一大卮
七日早子朝陰久留連好家多有雜言不得已治
行遂向陽德路以建好二奴李彥良孫傑等艱難
過涉建好家前箭川仍尋向前路俾護涉向尚船
點心于耀德新里金仁弼家仁弼殊非俗人坐對
移時以汀李無醫言之則郎進丹醫一鉢塩一甫
兒饑已黃景潤自山寺率來妻子來到景潤聘母
乃承與侍內室也曾避于仁弼家黃也聞賊已向

永平下来矣郎與黃公相對略說 行在所消息
則嗚咽不能言遂(執)手相別旋向所李梗古介入旅
跡朴三根家宿三根郎進獨醪一大盃與金李共
廚餘分饋奴輩三根之兄七根來謁郎仁弼妻父
也久在囚圍之中如入牢獄中及至仁弼家則平
原極目禾黍遍野有似畿邑延處心事豁如也行
到七里餘依山前路險惡難進好家近三四里細
雨徹瀑向午開霽陽現是日約行四十里
八日乙丑陰早發越李宗洞古介更歷無于宗古
介由川路至李彥長家李也郎進好梨數盃 父親

郎追數十介中路偶逢兼司僕李彥信之奴乭守
其人曾居永興地備知山路遠近亦欲尋見厥主
家屬將向安邊地故遂率去過涉大水之時頭戴
卜物如履坦路若無此人行李極難多幸〻點心
後建涉二長川至所謂徐龍居家自鐵山避役來
者似非庸俗之人郎使下人刈草以給又聚合礱
麥穀斗以爲馬食是日約行七十餘里
九日丙寅晴晨起欲發而以金李炊趁朝飯日晚
始啟行二十向緣川路越梨田古介樹木森天萱通
條路艱難越下至卄川邊點心後仍向長浦田洞

細雨或下或止至所謂等洞林座首好寧家粉閣
烏聲殊極精楚主人殊非俗士相對晤語夕林以
寧来謁卽主人少尋也主家郞烹進黃鷄一首奴
輩并炊飯以給夕微雨至夜轉甚達宵如注是日
約行七十餘里
十日丁卯留到曉困卧〻而聽之則簷漏淙〻灘
聲急〻勢不得啓程必留此待晴極悶〻林以寧
早〻来見主人長流斗樞入丈于孟山而年今二
十三云矣主人妹夫金應龍居于平壤外城而避
亂来此與之對話自食前雨霽亂雲滿天或東或

西明日發行亦未可必極慮〻〻且聞竹田延處倭
賊來陣丙丈古介倭賊五六人來逐行人云雖非
實然不可直爲之處傳慮是我國之人變着倭服
中間作賊無疑痛甚〻〻主人仲弟處寧臨來見
遂献軟鷄一首山蔘醬瓜五六箇甘艮醬水半沙
鉢深謝厚意不可忘主家造進真末麵二斗且給
柳行笥一朝時又炊給奴子之飯主人之恩宜不
可忘也今見平安兵使李薲閔字欲聚合諸邑軍
士卒於初九日直赴箕城云幸賴天祐勦滅送死
之賊匡復舊都則實東方莫大之慶成此大捷余日

望之終日密雲或下細雨
十一日戊辰以金慶逸欲從騎卜歸鐵而後發行
故留自朝雲霧四塞纖下細雨恐至大注極爲悶
迫林處來謁聞仁鬼覆醫更欲持進矣林以寧交
蓁眞參小臣臨午以進鄭陪 父親共設分賜奴
輩或雨或止乾雲散而復合明日之行可慮ミミ
十二日陰早ミ朝送人問諸金慶逸欲與之同行
則托以馬鐵未從欲發於十三其實謀與厥類同
行欲避吾等也不得已吾 父子臨晩啓程行十
許里雨下至崔尙震家點心雨勢小歇南向越土

城戶里古介來林古介至宗孫卿家雨勢轉甚不
得已投宿臨發時林處寧送良醬一鉢林以寧送
軟鷄一首是日約行六十餘里矣
十三日庚午雨勢到曉不止不得已冒雨啓行至
所謂趙世麟家則頗致慇懃郞捉進軟鷄一首以
行李無醬告之則郞給半鉢好醬主人問吾等將
向底路答以欲向盖壽倉主人曰安邊德源等處
倭賊多數留在此行不可由此路須往陽德縣細
探消息以期萬全也云斯言極爲有理點心(段)遂向
陽德路越朴達古介至咸磵洞延處聞搶察使從

事官曰(因)病落後尚在林產麟家云欲聞家累消息
馳入見之則乃李君應也君應以行無伴方致憂
慮見吾入訝喜甚欲往玉翁林麟年近八十者坐
對移時卞進燒酒數盃遂與君應同發行一里餘
止宿于一草舍名香家　文親先已入接矣主家
查頊高原衙前裴大弘君應為本道敬差官時所
知者頗致(歡)款待卽捉進數鷄二首林座首乃林好
寧三寸而厥婿韓德麟朴弘厥子林胥椿渭栢等
并出謁矣是日約行五十餘里
十四日朝飯後啓行〻二十餘里雨勢太甚不得

已直沒陽(德)縣飢渴太甚主倅洪公龜祥郎送人致
款不移時出接對茶對飯雖似草々禮貌之間有
同平時陽德一偶獨保　朝廷舊儀深服主人氣
守之強旺也多驢行貨以補匱乏如得百朋喜幸
三々午後雷聲大震雨下如注數三日之內勢難向
前極爲悶望々主倅因事出坐西上房夕又對飯
訓導河天清曽見於林麟家臨夕追到衆謂是日
納行四十餘里
十五陰日川水漲溢留主倅早々出見仍與連對
三時飯終日打話夕聞詢之一家被禍於延豐延

憂無聊已事慘怛〻訓導河亦於食後來見
十六日癸酉以去水路深留主倅臨午出見與之
對打獲六以為暫時忘憂之資河公亦來見嶺南
報捷陪持人咸安貢生趙富元來到細陳嶺賊稍(所)
息南兵亦到於(將)延日接戰箭串延處深幸〻但都
城留屯之賊其類不小赤城遂安等處亦有焚蕩
之賊小民奔竄東西又有賊徒將伊(向)川之哥雖非
酌然極為悶慮不知　老母妻子方(在)底地飢餓竄
伏言念及此欲死〻〻終日陰雲臨夕下雨夜來轉
甚非但悶於前進久留殘縣極為未安

十七日以雨甚留主倅食前出見臨午爲設猪肉
雜餠益致慇懃送人請來河公得與打話仍主倅
細聞 世子之行諸僚下人作弊萬端害及鷄犬
村氓奔竄山谷閭里空虛云痛甚〻〻餘人不足深
責首相崔興源以姦詐之人不能禁斷下人歸怨
於君 父老痛〻〻步壁上韻以表余意冒雨投陽
德寺住誠維谷倭賊蕩一國哀〻民靡屋老母與
弱妻飢餓㡳山麓竄伏草莽中而息同麋鹿齊民
半投降痛矣西北俗日久坐孤館悽愿推我獨憩
慇主人公勝厚心如玉相對到深宵曉月明似燭

次黃友晦韵跋涉崎嶇路吾生發發奇危岩蹲水
斷棧道傍山隅得居馬蹄鈌逢人倭賊疑流離無
處托何日是歸期縣吏自　世子行在所來到得
見告曰則平秀吉被斬於嶺南留京之賊晝夜歸
毀由鐵原奔去慶尚者甚多平壤之賊亦已作筏
將有由水路逃去之議其他可喜之言非止一二
雖非盡實幸賴天佑獲平秀吉之首則庶有恢復
之望深幸深幸終日陰雲或下細雨
十八日乙亥雲霧四塞前川水漲勢不得已久留
經爲悶鬱無聊中謹賡金子昂韵流落三秋白盡

頭朝東暮北似雲浮夢裡宛然逢　老母覺來哀
淚膽脂流嶺南在水使元均啟本陪持人奉事成
寺慶來到細探多捉倭船四十餘隻而倭將五人
亦在斬馘之中或云平秀吉在於五人之內若然
則賊復可期一國之慶如何如何臨午雲開陽現然
黑雲或塞或開快晴未可必也增憂慮次俞止叔
韵爵茂秋戰百為羣屠殺齊民亂似雲諸將已孤
賊復望才識無節延吾　君主倅早出對飯因王
府都事來到下于郎廳亭儀又還來點心後鄭文
川鶴亢韋家屬來到濟司欲問家累消息郎進見

則専不聞知云自大叔只聞京中避亂士大夫家
屬多入北道意　老母亦在其中日夜煎慮得聞
文川之言懷抱少寛夕又亂雲四塞頗有雨徴極
悶〻教官河公午後来見仍與同宿文川亦来謁
文親夜寧遠倅宋夔龍来見得聞　世子行在消
息則無得達他邑之路似有久留之計云
十九日丙子陰亦以川本深丈留時下細雨早〻
朝寧遠送人致款仍送清蜜升許矣河公以本
縣狀進朝飯爲難早〻辭去主倅早朝来見文川
鄭公亦来仍與同對朝飯有食後下雨明日之行

未可必極悶〻與主倅叉川終日對話教官河公
午送藁麥一晃郎與諸公共破
廿日丁丑留朝来似霽但雲走西北間有同延日
下雨之徵極爲悶慮雖有開霽之日以水深未得
啟行勢不得已久留以致尋見　老母一向稽緩
悶泣似聞倭賊自從安將向谷山傳〻之言雖非
的實吾等之行將由谷山境内以達伊川深可慮
也昨聞唐兵突入普通門外斬倭奴千餘級云喜
不能寐再賚俞相韵唐兵六萬百萬羣直衝箕城
陣若雲掃盡妖氛在此擧三韓應不陷無君豈傳

官羅守謹自義州 行在所來到傳 王候平安
倭賊少挫深慰萬々持標信將向 世子行在云
自食後雲開陽現深喜々訓導河公來見夕又還
去主人食後出見終日對話孟山於守與吾等有
同行之約旣知厥主所在處以失信爲難久留于
此而無辭去之意眞可謂奴流中信人也 又親
連日患腹及到今日加甚雖火鐵以熨未見少差
極悶々連夜得見妻子而目覺來依然々々
廿一日戊寅晴早食後將欲發行全羅都巡察使
書狀陪持軍官等來到細隠谷山多入賊倭出入

於延境云深慮此路相逢不得已仍留送永奇及
彥奴于伊川使之尋覓家屬至倅及文川飡前来
見訓導河公亦来見遽去臨午遽陰尤可慮悶夕
軍資主簿方士豪訓鍊条軍崔賢良出身崔彥倫
兼司僕金仁老等自義州来到得知唐兵與我軍
於十七日乘夜入于平壤城欲所殺倭賊不得乘
機善處以致先鋒退走唐兵三十餘人我軍百餘
名死於亂鋒之下云不知大將何人欲與入城之
賊交鋒耶倭賊所長用劒也當戰于廣野以走馬
弓矢射斬可也入戰于狹窄城內宜見敗北也似

閒十九日又欲赴戰亦恐見失極慮〻〻臨夕又下大雨彥奴等何以得達伊川悶慮〻〻達宵下雨暫時不止

廿二日雨勢到曉加甚前川必漲於前日雖谷山之賊未易前進極慮〻〻昨因本道巡察使關字得知平秀吉死於國人之手秀吉之子秀成亦死於湖南水使等破船之時云朴善禍孺無毫髮差爽漲喜〻〻秀吉之死傳自發東萊文則必非虛傳也喜次子昂韵何人斬得吉酋頭天道應誅罪隸浮諸軍顧盡殲夷力拔入江中俾不流連三旬下雨不

勝無聊仍次前韵以記所見山行七八日非水即
深谷穢之石田禾草之岩下屋木道通深水棧路
橫斷麓樹梢鳴莊鳥山腰走鷲鹿駈車入東陽主
人心不俗驚秋髮欲白頭惟我獨連旬雨不収前
川瀉寒玉耿之獨不寐永夜對殘燭子與兩崔以
雨未亦啟程食後来見仍對午飯主倅及文川臨
午来到與之終日對話午後雨晴但雲走西方多
有雨徵可悶
廿三日晴雲霧四塞無永晴之候極慮食後主倅
出見對飯 午飯 縣之品官自成川来到傳倭賊渡大

同江唐兵亦乘船欲撃兩船相値皆致覆沒云唐
兵雖可惜而賊倭二百餘名盡爲渰死極喜〻〻谷
山之賊以山水深險雖未渡涉逐日來到邊以觀
深淺云極慮〻〻
廿四日晴雲霧四開朝日始現内醫鄭禮男章其
弟智男自北道避亂登山至於一朔之久頃始下
來永興趙建玉家留數日艱難來到云鄭文川朝
謎粧粟餠一笼郎開坐共破分饋奴輩宣傳官自
義州 行在所來到欲探北道賊奇云前座首 朴
尙持炬木麥餠一笼王興倅文川兩鄭暨座首共

餠餘分給奴流夜營吏孫善寶持納油餅一笥明
燈對餠昏自　　世子行在所驛吏二人來到將向
義州　　行在所云細陳倭賊多在列邑無可達他
道之路吾等之行極爲狼狽進退維谷悶望〻
廿五日壬午晴朝霧四塞咫尺不卞(辨)恐是引賊之
霧極處〻似聞彥奴以雨未得前進今日當入伊
川云倭賊若入此地必致相違離探家屬消息而
來勢難達見極悶久留陽德不堪無聊尋覓晦之
韵滯雨東陽館坐看山正奇鳥聲來幽谷川響落
雲歷京洛音信斷家人陷沒疑流離頭欲白處拋

迓鄉期閒都巡察使從事官令明將到縣以留宿
上房爲難食後移寓鄉所廳因谷山哨探人得知
倭賊於廿三日出去新溪云極喜々訓導河公及
主倅来見
廿六日晴早朝主倅及文川暨河公来見食後告
別向伊川路越峴古之古介點心于一川邊過大
小墙岩至所謂閔希家投宿無男人只有女人數
輩自言父與夫皆被因於陽德官云 中路得見李
校理丙淹自 世子行在所欲探 大駕安否將
直向義州云仍審鼎前四姪好在慰々但李郎奄被

倭擄而得脫女姪解身無事而旋 失所生云喜幸
交極 老母家屬所住處男一亦未知之云雖往
伊川無可尋見之路極悶〻口占二絶求和李君
應三秋物色摠傷心况復猿啼深谷深流落一年
頭半白不知家累向誰尋又西床月入小樓空靜
夜無人影與同罔魍何心窓外哭愁腸鎔盡見聲
中與鄭礼男兄弟同行是日約行五十餘里
廿七日晴早發由山路過古里項古介至所謂棠
兄漢家點心戲贈君應盡日驅車小路長前村投
入已斜陽不堪主婦羞無語漸盡吾君寸〻腸又

姿色超凡類儀容出世塵寧知窮巷裡有此斷腸
人昨到閔希家招主婦問前路美目巧笑爲人對
語君應有不堪斷腸之語故末句及之三秋流落
鬢成絲盡日奔馳去路遲分明昨夜終南下草堂
依舊覺還非右思　母作左右携持兩足浮流離
何處任蓬頭忍聽弱息呼爺哭長對兒孫不收淚
右憶妻子年來抱病起常遲流落如今底處依
老母弱妻皆恃汝願君終始保無飢右憶弟作甬
母遺骸只甬身章妻携子賴何人異地不知生與
死我心如結問誰因又甬念吾身吾念甬之吾寧

忍暫時忌惟來幸顧皆無所恃酒終南拜北堂右
憶謝兒呼母呼爺夜夜聲際思不覺擾中情携持
更致慇懃意庶使兒孫保此生君憶小兒自閑希
家向幼漢古介雖未長遠險惡直上似非曾見之
嶺由山下步行至於山頂則氣力憊困人馬殆盡
不得已步下山腰宿於無主之家是日約行六十
餘里
廿八日乙酉早發下山山居極險至高居家點心
因越猪古介此嶺雖不如幼漢亦多居險惡之山
也宿於山下無主之家是日約行四十餘里

廿九日晩發行三十餘里路逢具參判思孟奴子
則倭賊將延 世子已離伊川欲向谷山或陽德
地云吾等不得已退来于嘉里酒村許忠良家則
京中士子黃頴男李執一避亂而来爲来見訪黃
則故衿川黃三戒之子也曾入於此地家居云天
有雨徵若下大雨則恐難涉前川遂與君應鄭禮
男等相別直来于伊川前別監李千禧家千禧郎
捉進軟鷄一首精掃内房使之宿矣彥奴自伊川
来報 母親及妻子同生皆入北道云北賊無数
入去若直擣六鎭恐被意外之患罔極〃〃是從返

苙一息陽德吏持書狀欲進　東宮行在與之同行
卅日雨曉晴朝冒雨還越豬古介至高居孫家點
心郎向勿漢古介幾及嶺腰由左邊小路越一大
嶺後面之高峻甚於勿漢寸〻步下至八十老翁
崔玉先家崔也念佛爲事有若自得者然細探
東宮行次已入谷山開曉當從于中路喜甚〻〻洞
下居三人或持邊軟雞一首或持獻菜物洞風極
厚實是日約行七十餘里
八月初一日雨早〻冒雨直向谷山深處中路相
逢還向陽德路欲於前路候謁還涉生陽水至道

也未甲尙津李鳳家宿鳳也郞捉進軟鷄一首生
蜜一鉢又炊給奴子之飯是日約行十餘里
二日晴曉頭主人又給田米二升奴子飯米五六
升矣晩餐、發涉甲尙津行六七里路遇 鶴駕伏
謁於路左父子遂陪行見龜川朋遠則永岳於六
月晦間在加平地李福基傳之云若果然則獨送
荊人於北道萬〻無理荊人亦必在於加平當此
之時死生存亡雖不係隱避之延處只眼與 老
母相逮而蔣兒亦未知隨於何地悶慮罔極點心
于爲古介延處遂越鳥古介至一村則李都事大

祿避訖來矣遂下馬來見欲送粮物云則以無辭
爲難遂來于宿所處無可寄宿之地不得已入于
洪參[illegible]議叔主渾依幕則韓判書准李亭令有中
入坐矣遂與同宿是日約行四十里、

咸平李大司諫壬辰扈從日記上

咸平李大司諫壬辰　扈從日記卷之中

三日庚寅晴早發越天巨里古介點心于川邊又越成川地界距塞城古介府使李齊閔來迎矣遂下一村舍與龜川朋逑同宿是約行五十餘里中路平壤體探宣傳官金振先來到報以我兵及天兵連日誘引擊殺至於數百餘級云自此可望朕復多幸々々

四日陰早々隨　駕越居士古介點心一村舍西北巡察使宋寔亦來謁黃克善以從事官亦來與之敘話遂催行又越鶯嶺早入成川府舍于工房吏

李廣家此府距箕城僅四息恐齊久遠之城北賊
其類甚多若越徐山東海求林等嶺則必無退避
之地問處同梿是日約行八十里與明遠同入一舍
五日壬辰晴食後進 闕門見黃充善于送孟山
地廵察欲留於孟山陽德地而不欲越向北去云
午後京妓降仙春女情介持燒酒以慰明遠之勞吾
亦得與同酌延來心疾尤甚思一壺忘憂之物久
矣引進梿似忌流離中懷抱深幸與明遠作伴也
夕聞倭奴在平壤者盡燒城內外廬舍云以此觀之
似無久遠之計但賊謀誠難測而抑恐傳者之誤也又聞

倭徒自海西多入質城云亦似難之(信)言而累敗之
餘亦必有請援之舉斯則不可謂無是事也且聞
以柳善餘為黃海巡察使沈公望為京畿巡察使
姜勉卿為江原巡察使而各有本道監司及防禦
助防等將大將若此之多號令多門而軍卒隱匿
山谷中未易召聚設或招集望賊逃散之習何以
禁斷乎厥殺賊奴以雪 國恥勢不可望於今日
之將相痛甚〻〻天氣漸高薄寒中人我國與日
本風氣頓殊吾意以為將不久自退以違人無少
長盡為殺傷知其必然也

六日晴晴也早〻来謁金慶延食前来見建 闕
門得知倭賊在箕城者初三四晝夜明火分二運
越大同江云果然則深幸但望〻 國家為小娩
㽞困上自至上下及士庶莫不奔竄草野而畢
境使倭奴自退未能殲盡痛甚〻 北賊亦失利於
蔓嶺次〻 尚来云此亦果然則 老母及家小等
底保縷命私書〻金慶逸又来見穩話仙也〻持
獻桃實一𥁋 父子遂共破因賜坐接話壽恭康
来見 東宮扈從首官崔興源俞泓鄭琢韓準李
憲國尹自新卞允福沈忠謙李鎰李純仁柳希霖

姜紳洪渾李瓌金友卓柳自新朴泓李有中許筬
朴文叙李鸞朴慶新吉誨李尚吉俞大儆黃克中
姜絪閔思權張迥姜弘立閔仁佶姜翊任發英鄭
象義趙甬瞻曺旭韓汝淑柳祖訒俞大禧俞大建
沈秀崴柳希聃鄭希玄李士恭趙信道尹應三金
極惺李涸申景禧李應寅柳肇生俞大禎朴震男
金信元李賢李挺立宗室海豐君原川君雲川君
順寧君義城都正西興都正烏山都正節愼正春
溪正琅城正德仁正龜川正順義守順昌令淸城
令等暨吾父子皆來成川府立人李廣持燒酒

来侑與恭康共酌江東倅尹時忱来見與之握手
細陳亂離悶迫之懷俄又告别當送救窘之物云
矣夕金慶逸又来　此間一丈見落
丙陰陪通引李德林者捉進小川魚少許夕飯後
往謁洪叅議叔主乘月步来路逢義城令公李士
瑩朴亭叔崔德遠順義令公姜子美諸君久立路
上叙話俄許叨彥出来同與順寧許李朴姜步往
水邊觀月叨彥奴進實果數器齊坐共酌以水上
風冷罷還明遠送一絶求和流離東北任飄泊鳴
咽灘聲斷客腸父母兄弟今安在故園回首淚痕

浪在此洪参議家未能次送
九日晴食後赴　闕門共諸君會叙與沈卓立步
進節順令公家穩話主人献焼酒数杯午後下来
于主人家趙懷甫来謁　嚴親與之終夕叙阻任
令發英閔参奉仁佶来謁　父親夕往慰張延甫
因訪許功彦則順寧汝文先到入夜叙話歩還主
人家月色如畫心懷冇悪達宵耿〻不能就寢也
十日丁酉晴送許功彦于義州　行在所欣山奴
乙衣於明遠兄事同送于義州明遠兄赴堂上云
孫喜〻早〻食後進　闕門因往兵廳看下散料

得見柳善餘書狀倭賊無殺下去平山府海西之
賊皆聚於海卅欲上京云北道之賊亦立逺〻屛
於鉄嶺晝夜越嶺云若然則深幸〻夕食後龜川
明遠來見乘昏訪汝文令公因謁海豊令監與汝
剛叙話汝文適出他只見面目未能接話夜深後
父親亦來訪海豊父子遂共還主人家月色如晝
閴無人跡
十一日晴謹賡明遠韵西樓月入客愁長窓外鶴
聲欲斷腸消息不傳関塞遠他鄉千里淚浪〻聞
老母向北閔故云〻月色分明靜夜長秋蟲喞〻

惱愁腸時近撥衣期已迫客中懷抱似風浪食後

父親進　闕門遂步進海豊君家諸宗室皆来會

竟夕叙話歷見柳主簿肇生生人家則外似勝於

李廣家而内房似冷不合於奉老故不欲搬家耳

義州　行在消息来到聞　玉候平安喜忭々々

且審此處陪侍官等皆令分給紬木以爲禦冬之

資益感　聖上留念臣民至此左極也義州諸官

皆階高秩而獨闕功彦見羅深歎々々末郎後　命

留陪　東宫雖似未穩路梗未達勢似然也奈何

夕金慶遜来見陪人崔近侍進梨桃。太木一兜青

十二日己亥晴食後進　闕門堂上俾書庖從百
官及禁軍書吏雜人等以爲分給細木時憑考之
規同進政院與省吾和甫叙話與黃正言思叔略
叙久阻之懷乘時歷見吉士可問病乘月步訪順
寧汝文出他遂到亦與之叙話明遠暫還來去
十三日晴武臣及雜色武士試射時以余同韓公
則丁介錫趙朴亨叔爲試官早早進　闕門遂往
射塲諸　宗室大官及南行諸官皆來觀先李恭
康居首崔德遠居第四諸友皆以得武科識之德
遠亦自疑可笑笑乘月陪　父親步向洪叅議家

義城令公沈卓立崔德遠韓伊乎諸君坐于碑石
下遂落後與叔仍步往江上則柳景白設網於江
中明火出来擧網得蠏連袂步訪張延夫不利還
到碑石下坐月總話俄又青溪琅城姜子羨来會
還去　父親亦自洪叔家還来遂暫立話而罷
十四日晴食後黃和甫送人招之進政院則在伊
川例行埜　闕禮須速議于大人講定去郎下来
于議父親則　父親郎進　闕門議諸大臣下来
于鄭二相宅相議定之以余為禮曹假官雖曰假
官父子同任亂難中事可笑〻臨夕書達抱夜而還

十五日晴罷漏時進　闕門則昨夕講定入達之
辭多有未穩之處黃思叔言之臨時改付標以致
日晚政院深以為未便行禮後政院請推禮曹堂
上及色官吾　父子同被推考可笑〻〻食後進官
廳令敬料與主人令公對畫茶極設珍味至為莊
底事午後下來于主人家則府中品官令送餘肉
遂炙食之其味似好想因久阻致然也夕步月彷
徨於主家庭中崔德謙來過因出路上坐于碑石
下小酌燒酒俄又參奉李公雲持燒酒來侑順令
汝文令公沈監役卓立韓司圃景弘書都事旭亦

會對月持杯 心事老態汝文令公所知老妓持燭
醪[illegible]阎兕又牽其女論香來觀持滿健倒入夜而
罷論香雖[illegible]此府之巨擘必非出於者也
十六日晴食進[illegible]闕闕捧貢油因書百官及雜類
等衣裱分給單子[illegible]呈政院則內官輩以其書
名於內禁之下、大怒[illegible]下承旨不能禁止宮奴痛
心〻臨夕自 闕下〻〻[illegible]路過 父親則汝文等
方會於碑底下汝亦往參云遂步進則俞省吾義
城都正崔德遠鄭方叔趙君愼李公雲曹公旭尹
公應三金公繼賢來會方設濁醪仍與對酌遂同

諸君安訪張近夫、深夜而還 巡邊使李鎰兵使李

贇連日入戰于箕城未決勝負云可慮こ京監司

權徵聚軍于祈縣以爲克復之計軍卒輩聞而遠

令公見適一時四散云若無當初而遠之遠避

朝廷必不適之而大事無成而兵敵亦可謂天也

崔遠趙憲及南兵二萬已到京城近邑不能臨機

善處坐失期會竊恐師老兵散極以爲悶 東宮

親臨大門曉諭軍民仍饋酒肉

十七日甲辰晴早こ朝尹參判送人招之省吾亦

送人云幸得薄醪欲與同酌遂謁參判仍進政院

則省貢吾不在問諸和甫以省吾所去處下來于趙
君愼主家省吾方與沈卓立趙君愼同酌以吾爲
後來連勸三大盃矣以單子呈政院遂步往 闕
門則多有政書處因使金有馨政書又步下君愼
家路過情介之兄 妓同入君愼家則三君皆醉
倒人也多發意不到之言可笑〻〻主妓舟香本府
名娼去而面惡太甚〻〻可笑也因困卧入睡主公
持酒來侑與三公方欲開酌絲判送人督來意〻
上去呈單子政院至日沒坐待單子不下〻〻來于
主人家朝火喫飯乘月步訪朴亨叔則與青溪浪

伯李士瑩方在　闕門欲乘舟歷訪巫山諸峯去
當此亂離少無遊觀之意故諸君雖或往來于五
里程外乘船于巫山之水而一無意思今適月色
如畫四顧無人影雖與諸君子暫乘仙舟暢叙幽
欝之懷可也歷問吉年兄士可之病步進于　闕
門三君方坐待矣遂與携手同向水上則府伯令
公之尊婿權（名字落矣）同鄭象賢三兄方艤舡以俟及
到舟邊妓生四人持琴亦坐舡上余以為雖因無
聊暫時来賞與妓生同舟余不能苟從諸君遂放
妓下舟遂命舡工從流上去月色使人山影落地

奇岩怪石有若雕刻而成者真可謂勝地而名不
處得也雖有可觀之地而以無與田棹與三鄭步
還主人家
十八乙巳晴早朝品官朴重岭持酒肴來獻遂倒
三杯進　闕門仍訪閔壯元伯春々亦備烈燒酒
二杯略敘阻抱步還主家進朝飯後又進　闕門
百官分給單子下遂與參判出坐大門上封進二
同于內然後因分于百官及雜類等至日沒下來
又明火進飯又依儆迎勅書之文遂作迎敎書儀
注夕黑雲四集至三更時則下雨達夜

十九日終日下雨差備邊司郎廳竟晷在賓廳見
谷山郡守馳報則賊倭自北道無數出来于金化
金城直向京城云若然則其幸如何　老母家少
等存歿漠然不知徒切悶泣乘昏冒雨下来主家
廿日早〻進、闕捧全察所納木花百斤并封前
納白紬十五匹木綿二十五匹送于巡察使李鎰
處使之分給軍人等午後雨霽陽現巡察使洪世
恭書狀来到咸興陳大藏降于倭賊而納其二女
交嫁倭將我國之事無不潛通云極爲痛心且永
興之賊言于我國之人曰朝鮮諸臣七十餘人執

捉於胡地而不殺又得其驗司求婿及叔父二人
去若然則入北之人幾盡見害且皆被擄 老母
及家少同生輩亦必不免悶泣罔極假以日月許
之賊倭必留住一邑或五六日三四日而後又進
前路自永興至鏡鎮不下十五餘日程道而入于
北道者必不能及到於八月十五日之前艱是中
間恐動之言也且入北之賊變着我國衣冠出入
之際似難分卞去此甚難與交戰之事必是我國
人之所指嗾極痛〻夕進謁領相入夜陪話朴伯
吉丁祖母喪避亂來在江西地昨日来到因備邊

司務皆未得相則得見於領相依幕亦與之穩叙
欲訪閔伯春張延夫等船遊而以心亂不往直来
于主人家
廿一日戊申晴早食前進 闕門儀又堂上来會
父親因書公事進賓廳久坐大門上還下来午後
巡察使洪世恭書状来到倭賊深入會寧擄臨海
順和二君及宰臣二三去必似昨日之書状疑是
中間訛傳也三旬之間往返於六鎮萬無是理然
闕来心魂俱喪無以收拾也賓廳罷坐後與朴亨
叔步訪李士瑩問病儀又尹東老閔昊等来會自

楊州率義兵四十餘人來現於賓廳矣李甲山千
壽之子弘輔曾爲體察使軍官軍敗之後隱伏山
谷今始來現方以無人切悶馬郎除宣傳官府伯
令公午送牛肝半部云可怪〻〻
廿二日晴早〻進 闕兩政丞及諸堂上皆來會
極爲惶恐晩食後盃山德川二倅所報與昨日巡
察使書狀相符兩只臨海君被抱於泉豆島以杀
所繫頸已送京城云若慶興鹿屯島則雖不幸被
捉一朔之內萬無反送於京城之理必是中間流
言也無疑或云 河陵被抱於通川或云六月晦順

和收把於安邊以此言之今日之言信百虛傳也
午後朴僉正東彥自 行在所來到細審 主上
平安臣子之情喜忭罔極日氣向寒邊報不止莫
如遠近無知痛悶罔極〻〻
廿三日晴早進 闕門參判使余會許延日用下
郎與鄭象獻數三精筭餘儲極略可慮〻〻午後朴
晉令公 啓本來到倭賊極盛聞朴郎馳擊倭聞朴
晉之名莫不奔避而今送倭馘至於三百餘級去
天生朴晉所以恢復我邦國也深幸〻〻李鎰書
狀又到平壤伏兵遇倭賊分三隊出來一八十一

四十一三十遇郎馳擊賊乃走入城中無數射中
斬首一級而昨日之戰無如今日之全勝也深喜
〻〻江東體探又去倭賊二船由大同二船由長景
越江云必見敗於昨日而將欲盡出城逃避也極
賀〻〻昏聞姜正卿妻氏來到郎駈馬進仁卿家略
問天夫人平安仍進正卿家見妹氏歷陳亂離中
罔極之懷入夜對話而罷正卿之子〻與瀞兒同甲
也如見瀞兒鳴咽不能相對
廿四日辛亥晴早〻進　闕門與省吾穩叙會話
元穀多有錯處當重治色吏慮主人令公無光不

爲治罪口政其書谷山文状来到北道倭賊無數
下来而令方修治道去路但慮深入六鎭而極肆
擄掠則 老母家小等何以隱避所恃者天也如
使母子得相見於此生則必不逢賊倭之肆畧言
念罔極〻〻似聞義州 行在所以吾爲都監郎廳
使之入来云若果然則當此亂離父子相依爲命
而又分作兩地之人則爲心事如何罔極〻〻崔德
遠以防禦從事官明當出去夕往見則李而遠閔
伯春春溪正烏山都正先到與之穏叙
廿五日乍陰乍晴早〻進 關尹叅判先到政丞

向晩始來自食後終日分送紬同於將士又分給
扈 駕軍人々皆雖殘劣感欲死於國事又納各
官白紬畢捧後進段院與省吾會晤而遠亦到夕
瑞興府使馳報來到賊倭八百餘自興義向平山
又一萬餘賊倭自平山向興義去萬兵之說雖非
的然必是平壤爲兵之賊極可慮也初更後罷仕
即進姜正卿家拜妹氏因邀仁卿買酒以飲入夜
而罷來路歷訪沈卓立趙君愼明雖而還微下雨
路濕
廿六日陰早々仕進海西監司則賊倭三千分三

衛来到鳳山防禦使李時言則以萬知之兩言
不同大槩是添兵於平壤之賊此距箕城至近若
多入箕城則父住極来安問慮罔極予後送白細
於李蕡鄭希玄等處之捧陽德白細北道體探人
持防禦使金友皐書状而来永興使被擄賊中傳
倭報曰臨海君順和君金貴榮黃廷彧尹卓然黃
赫柳永立等皆被擄倭奴等皆觀蹈踴躍云此言
雖似不信之度馳報若流入於行在則父子之
情無間上下 主上想必過用心慮極悶之餘之
心事之罔極與日俱深寧死無知罔極之實廳坐

罷後與洪君瑞令公仍坐以叙亂離中罔極之情
朝前微雨午時霽夕還下雨
廿七日甲寅晴早〻仕進因政丞不坐與省吾輩
穩叙午後下來主人家則參判送人招之郎〻馳
進則已出坐大門上待封果綿紬矣同坐門上催
促紬同結果還下紬數十四同兩十一匹半也其
結果也慮有意外奔避之患也被擄於平壤者逃
來于此問其倭情則平壤城內又築石城〻〻之內
又築土城而連日放火者非廬舍也多積雜木而
焚之也倭賊皆着女人長衣男子之服而行勝足

巾並爲進作去若不勦擊則萬無退去之理余見
令之將士無一人有意進勦者及至冬深則非但
凍死可慮其至於飢餓也丁寧奉老之人何以爲
心罔極〻北道之賊比他極熾尚未出來、老母
生死漠然不知悶極〻若終至於無有孑遺則莫
如早死無知之爲善也李縣令公柳永吉令公皆
來謁賓廳與李弘輔同步下來
廿八日晴朝廷進〻闕門政丞堂上皆來會入謁之
際極爲未安于後義州人持、諭旨來到使領相
赴 行在而余亦以都監郎廳將赴召心事漠然

不知所為郎之下來于主人家與 父親相對夕
李琰叔主章子避亂來到郎引入房內命奴炊飯
以進以余赴 行在義城都正尹期伊許參奉旻
閔副正思權閔參奉仁佶沈卓立趙君慎趙應甫
朴亨叔鄭象賢李恭康來見夜深而罷
廿九日晴乘昏進 闕門備邊諸堂上皆會 東
宮欲引見領相以下赴召之員晩食後引見同領
相入謁 東宮以領相赴召極為悶望仍論賊勢
及移避之所余亦伏而進前曰近日賊勢極熾無
人勦擊極為痛悶將帥之人秩高志滿則例皆逃

避前者李薲別無功勞而　特陞嘉善臨戰每走
李時言於楊州之捷身先苦戰而反陞堂上為防
禦使也未聞一倭級之献焉無非出於國無紀律
而然也自今以後軍律嚴肅可望恢復且擇用秩
高有才略智慮者而用之則必能力於國事而賊
可殲也　東宮問曰可堪者何也對曰小人雖不
知其之所堪人若　問諸備邊司上抄擇用之則
可也如奇直男李養康者遴給精兵千餘名使之
抄擊零賊則必能竭力矣　東宮曰李養康余亦
似聞其驍健矣崔相曰奇李二人皆驍勇之人也

余因以又言曰自 東宮往駐伊川士大夫家屬
皆来延境不意避入成川或罹烽禍或被奪卜物
赤身飢餓無所依接延者連續入来成川如賜食
物則使萬民知 東宮留念赤子之意而况 主
上在箕城時已令八道監司連給食物於士大夫
家屬流離之人乎令不可不擧行也凡人惟當急
〻賑濟况政丞家累故政丞姜士尚夫人今到此
府宜先救恤也假注書鄭象義曰姜相夫人昨因
李尚毅所達已施行矣崔相曰此言極爲忠厚宜
速擧行也遂辭出義城令公長流李頤慶晦吉因

事欲赴　行在所與之同行理馬趙應軫亦欲隨
去使之同發凡應對之際極爲稱意陪崔相與心
于溫井院夕入殷山又進飯後先發向順川未到
前站日淺明大乘舩乘及前崔相來到遂先馳
入郡郡守鄭導全　金郎善承婢家也見我尋問善
承去處似有悶望之意以我無表郎送白紬新中
秋莫無事厚意宜不可忘也主倅尋公景福來見
頗致慇懃在箕城時曾與同苦者也是日約行七
十餘里
九月一日辛巳鷄鳴時崔相起寢云遂入謁同建

先發之意未 明欲起程則訓導金公先到俄又主
倅又来以曉寒侑枉郎引四甫兒其味香甚真好
酒也若無不得已悤行之事則切欲劇醉以忘亂
離中罔極之心事行非未得如意痛恨〻行五十
里點心于一川邊馳往安州郎進百祥樓則辛用
錫以從事官在樓上與之叙阻因謁豊原府院君
則郎問海西北道倭賊消息余以大槩陳之則臨
海被擄之言亦傳於其處耶余對曰雖有此言必
是誤傳也柳監司永立亦被擄云而今到寧邊以
此言之皆是虛言也柳相曰立之亦被擄僅免云

去耳遂辭出主人家招致充官奴億千則億千往村家其女錦春者来到郎給親九奴處牌旨及李琰叔主牌字使之郎傳于厥父因問少時故人存沒則皆至今不死去矣點心後欲發去則崔相来到催行前進遂到清川江上多聚大船作浮橋矣遂直渡向嘉山碧霞津亦作浮橋明火馳入嘉山則申伯峻柳德純安令知滉已先到與主人沈信謙對話于上房余亦飮後進上房與諸令会叙話閑 冬使將於初三日越江云吾行勢難及期可歎是日約百三十里行

二日戊午晴鷄鳴後向定州馳進納清亭則眼界
快爽前川清澈若過平時似難虛度處也俄而主
倅李令公徵以政丞支應来到與之對飯義兵人
朴監察稱去者来過遂迎入對話歷問嶺南消息
以行忙告別仍問監察姓名則朴姓致恭其名也
郎南陽叔文妻甥也問應元所在則頃已到水原
去矣遂馳入定州點心後往謁金仲叔令公歷論
禦寇之策與吾略同意仍謂余曰近者只豐原及
巡察使李公勵以倭寇充斥憂思深長而至如都
元帥及朝庭皆以必去爲意有同平時極爲悶望

君意如何答曰近觀賊倭所爲似無退之意但
鄙意天欲扶持我宗 國則倭奴必將自退若不
自退則子遺之民亦必盡死於今年之內云則仲
叔答曰君言至當々々曾曰金哥伯飽聞已久頃於
平壤同事多日至今不忘云矣問其臨海君之事
一如豐原之言余亦對如初頻致慇懃以行能告别
馳進雲興館進飯後乘昏馳入林畔館則夜已二
鼓矣廚人極陳珍饌朝進素飯少進肉饌下人莫
知之則不祥々々是日約行百三十餘里
三日己未晴鷄初鳴明火而行々二十餘里日出

到車輦催乘朝飯遂向良策文進點心催行至所
串半道聞 天使已入義州罔夜驅馳之意歸於
虛地可歎〻〻中路逢唐人二名我國人三名皆走
馬如飛問其所以則將 天使之言往沈遊擊處
去余觀安州以後歷路諸處稱義兵者貽弊百端
仍執刷馬唐兵等分處各官出入村家或有偷竊
民甚苦之不能堪命各官供億於所過諸官之物
經盡侈盛當此亂離中亦不廢全盛時事痛矣已
痼之弊不可卒革也如是夫不入所串齬直向義
順走馬馳行僅及城門而日沒直進 閱門諸官

皆已罷散只見韓户佐洞崔堂官賓曰進館門暫
敘明遠兄主遂謁尹左相于下處辭出来于權潗
所寓處耗稱卧病些久始出恐吾宿於潗之新寓
也進夕飯後来于下處家甚不好亦無旁窓可笑
我有主人兄而得此不用家寓焉 父親不可恃
之言真聖言也以悤怱等未及入門只借權潗一
衣而宿在困〻是日約行百三十餘里
四日庚申晴食前進 闕門已俄動駕矣客舍余
亦與從客舍與諸君以觀 接對之儀判官兄送
酒肴於吾等所坐處與汝剛献之共酌上馬宴禮

畢後 天使辭歸拜之際禮數頗從容但 天使
似不廉云來此外服所爲若此矣非儒者也 天
使之職銜姓名薛藩云遂進 關門肅拜昨日日
暮未及啟也與春卿協彥伯春會叙于賓廳後午
後雷聲大作雨雹交下大如鳥卵傷損禾穀孑遺
之民無保存可憐崔相來到拜于大門上則崔
相曰君則得見 天使面目吾則將何爲云臨夕
下來于先達下處進夕飯後來到下處旅寓孤寂
耿耿無寐與李梅吉相對夕 敘除刑郎轉拜
兵郎

五日晴兵吏以吾昨拜兵曹郎官来告曰日晩未
得甫拜下吏碩胥到此乞莅痛贈ミ食前權先達
渫應燮来見昨見林宣傳得義則八月初六七日
間歷過加平地朝宗近處宋忠義稱云顚倒步出
曰吾郎李佐郎某婦翁也妻子及吾等時尚好保
之意爲傳云ミ自變生以後因許功彥之奴略聞
老母赴北之奇余以爲妻子等亦必隨往八月之
初回明遠聞岳君在加平地意其以病未得隨去
或是誤傳也到今詳聞所住必是因病不能隨行
致然也賊勢熾盛敵攝州縣至于今保存縷命亦

是天也但　也落後而無去處耶抑入北道而不
傳安否耶未可知煎慮〻冬日將近以荊人之病
必不能保弱息等雖至今生存亦并與俱盡惘然
午後訪白仲悅穗叙邊魚川以中亦先到俄而柳
伯瞻亦會終日打話因進夕飯乘昏訪許功彥與
話朴仲吉先到又謁領相于下處來時歷見判官
兄主已先送奴馬於下處矣與兄主步訪李君美
對酌夜向三鼓遂與兄主相別投宿於主人家
六日壬戌晴早進〻闕門肅拜順義都正亦以謝
恩來于　闕門相對面賀　父親昨承　特加之

命而至日没未得聞之及到領相家始知左相
引見時極陳之父親當初隨一駕而來獨不蒙
特恩之命其人雖老不至衰耗可用於急亦云因
此得承 特加之命夕啟郎拜除嘉善大夫行上護
軍 天恩罔極之之尹相亦必留意故之父親置之
念頭而致然也 肅拜後郎進謁本相于下處雖
未陳謝意而謝拜之意隱然在於進謁之中因訪
鄭士重于主人家與之叙阻李監察押送人致問
郎馳見叙語俄而鄭參判彥智來到遂對語移時
而來于主人家李晦吉方書上疏艱苦莫甚之夕

李俱夫來見入夜小酌而罷再邀順義汝剛以病不
來可憎々々。
七日晴早々朝韓佐郎淵渠宣傳緝泗來見食前
進 闕門海豊君順義都正已拜辭去郎馳往主
人家則時未來到還進于 闕門路逢汝剛令公遂
致傳簡于 父親之意來坐 闕門臨午來別海
豊順義于主人家以攸事々還到闕門終日坐致
廳罷後訪吳大年與話韓春卿以接待沈游擊時
未還矣乘夜來到主人家々與 闕門雖似相近
窄挾而陋有勝於前主家奴子之迷劣因此可知

雖有罪辜不足深咎 權老達老見前主人則亦夕壽
億而此則全尾原也
八月甲子陰 國忌食前俱夫來久坐穩話俱夫
昨致令魚川翟來覔 天黙深以爲恨自食後下
細雨蹔歇甚夜深齊夜令後轉展無寐夢漳家人
自射廳三寸家步入拉里門本第則 父母主皆坐
房內夫妻令拜則雖避亂如此步來可也時方天
色未明若欲更避他家者然似與爽兒毅翔令處
者然於外房中聞荊人之聲郎擧手來把於荊人
此未知其何故也他兒皆不得見而只見瀞澌逞

来見我是亦未曉起坐無聊遂占一聯客裡三秋盡家山音信稀賊倭何時退稚兒無處依身上衣衾薄枕邊愁緖悲脉〻當長夜鷄聲報曉期

坐而達朝氣頗困憊

九日晴食前進 闕門食後爲政本州以九日爲
名節午設別饌進排于政廳以許公愼保全公山
除忠淸方伯崔應◯不能召聚軍民保守全城陞堂
上加深賀吾友以死許國竭力全城也夕訪韓春
卿兵大年于主人家則閔伯春先到與之相叙坐
久有一老酒濁持酒肴来侑酒味薰香佳勝仍下
直早還則崔判官賫金都事緖賢李宣傳克新坐

在賓廳遂與之同坐覓酒於判官兄主入夜叙話
李佐郎延慶進到月落後與崔判官同宿于直房
十日晴早々進謁李判相山甫于直房領相用拜
辭已來于闕門上遂入謁因上司僉院與判官
兄對話又坐在書廳覓酒於判官兄引數甕開領
相已還下處郎趨進拜別還到　闕門與伴悅功
彥士重諸君叙話賓廳後午後因和甫送馬進和
甫主家覓酒於和甫庶妹及判官兄處終日對酌
而罷恢伯兄于黃晦中來到觀其為人擧止言語
有同異國之人　景羲令公　似若無嗣者然可歎來

路逢景美令公於馬上略叙阻濶之情来于主人
家則晦吉不在悄々獨坐許功彦来見與之入夜
穩叙李惧夫李晦吉往見統軍亭来到與之同宿
龜城許應慶来見郎首日許判官祥之子也
十一日丁卯晴惧夫早々還去食後来 闕門宣
傳官梁繝洄爲送白金二兩三升二疋深謝々々以
二兩賀三升四疋將造天益及襦衣以爲禦冬之
資耳判官兄主爲他人所侵視如路人悶望々入直
十二日晴逐日爲役困莫甚馬坐在大門上風力
漸緊必生重病極悶以奇献之修正日記連日入

直乞田〻原川君自咸川来傳 父親之簡得知
父親平安喜倒〻但聞將向忠州之奇不勝悶迫
之至兵吏張福重自北道来言臨海順和及夫人
與金相貴榮黃府院君廷彧父子被擄之奇不勝
驚愕 老母同生等何處流入恐被拘執悶慮罔
極因敎院嚴勅二更後摘奸于四大門路逢朴子
龍則許功彦李孝彦在李立家云郎馳進則許李
二君及判官兄李寶之在坐方酌酒余亦入坐引
毅柸而還歷見功彦則醉卧不省矣遂還直所許
應慶送生雉一首

十三日晴又直齋李佐郎延慶持酒肴来會于賓
廳引數杯而罷朴李吉李俱夫同參
十四日晴以李俱夫爲司導寺僉正使入北道尋
見臨海順和兩君百計湀策得與之偕来債任甚
重恐不能副其任也夕判官兄送酒肴於直所與
韓春卿令公對酌鄭士重李裕甫廷到入夜大醉
而罷與士重步出大門越峴移時坐話而罷許應
慶者送乾雉二首
十五日晴酒餘氣困太甚午後見白仲脘李賓之
于賓廳則十三日夜何以醉酒騎馬徃来耶吾荅

曰十三日非但不飲直宿于兵曹矣入直宣傳官等坐于賓廳夜分後入宿君等必見如我者而疑之也仲晩實之反顧而笑不以吾言爲實然似疑其虛飾也人間萬事類如此若於重事信聽人言疑人如此則雖被重罪無辭之可路可笑又直宿

十六日壬申晴連六七日直宿苦莫甚焉許功彦曰何不招來兵吏蒙準於正郎耶郞依功彦之言得準可矣士重自今日出宿主家夕往見判官兄午下府小酌而罷李修撰潤卿自北道來到

十七日晴李右尹馨李同知希得來到以李同知

年老之人因國事陷賊中堇〻以身免　特加嘉義
夕進謁李同知于下處細問老母去處則亦未聞
知云尹子述李剛中尹存中姜　自忠淸於前
十三日来到與李裕甫同来功彦家入夜穩話而罷
十八日晴連擬日風力極緊無衣之人極爲悶迫
黃海討捕使李廷馣狀啟来到招陪持韓詗細問
討賊之由則連三日苦戰雖未能斬馘所殺傷甚
衆同致退北討捕使雖自少以膽大聞武夫之桀
賊逃竄者比〻而獨李公得士卒之心與之死守
却賊非但其功甚鉅而已也則可謂中興諸公中

等一人〻〻大生此人必有所爲欽仰高風不覺屈
膝也朴判書忠侃率其子致弘周流于咸鏡江原
京畿忠清由水路入来多出雜言詆毁諸將及守
令等無所不至而餘自己負罪者甚重可痛可笑夕
謁朴大謙應福于下處曾與同陪 甲辰往来于
孟山德川等地備嘗艱苦延以無暇未得逢見今
始趍奉聞李裕甫来于主人家郎辭出来與之穏
叙高山郡正往 靖陵奉審而還
十九日晴送欣山奴于宣川郭山等地昨夢見英
兒在膝上問其前人死時事英兒不答覺来不覺

慘然天氣漸寒以觸人之病雖幸免鋒刃必至病
死也無疑矜惻々々食前進閼門風力極猛寒氣逼
骨悶々李明甫受由歸省於安峽地似有夫人落
死岩下之奇
二十日丙午晴早進　闕門林宣傳得義持草記
呈政院以原川君及余曰　天使時事來此今已
事畢速爲發送成川事入啓其幸如何午後以依
允免下極喜々々夕往辭于左相及兵相前歷進原
川君家則明恐不得發䌓也云來于主人家則韓
佐郞淵先到久坐相話仍與同功彥家入夜穩晤

而還
廿一日自曉下雨臨夕止早進 闕門拜辭後
入辭賓廳來于主人家青水萬戶兵仁瑞來見許
功彥來訪坐久聞李判書愿國令公自 東宮來
到功彥郎進 闕門得見 父親備知平安之奇喜
甚李判書送人致問拯爲未安新安道察訪張
得耀送筆來鞍赤深謝韓佐郎送馬鐵一部厚
白紙六張夕謁李判書於功彥主人家又訪李
德輝依下處乘夜訪判官兄小酌而還
廿二日晴開武科試塲鐵箭二巡中古道里一巡

取百五十人朝前韓佐郎瀾兵萬戶仁瑞判官兄
及收伯 黃景美令公來見昨日致移拜禮曹郎官
判書以吾當陪去 東宮郎作関守催還去故不
得已留在極悶〻〻又聞禮曹以催來事呈草記于
政院去若以已去咸川不必還來 允下則其幸
如何難待〻〻夕〻以催還事依 允〻下勢不獲已
留在有同逃亡者然未得更頭可笑〻〻
廿三日曉頭下細雨日更時晴送李晦吉於翔州
連二旬同處遽作分手心忽〻不樂得青木萬
戶人馬使之陪去李晦吉義城令公 聞之亦必以

我待之深厚而極喜也夢見荊人似患乳腫極苦
與語亂離中事宛然又見强復元伯弟自外而入喜問
主安在言淚俱發和湖有伯則在 父親之房矣
人避亂者已還到于咸川等地耶 其爲喜
幸如何之之禮專判書以余出去還來爲有弊更爲
通関曰已到咸州預爲聞見一日程出来迎入若
中路相逢留待爲當云故欲於明日發行矣夜訪
判官兄小酌歷見洪士信令公握手與話仍及時
事不勝嗟歎入夜而還
廿四日庚辰晴早食後啓程午到所串澄源之第

李幼清先到與話移時點心後馳到良策驛城尹
令公承吉之子尹都事琄先到邀致與話空館寥
〻孤懷耿〻獨坐伴燭向壁無言是日約行六十里
廿五日陰早〻啟程點心于車輦直到成川則主
倅往李汲源下處云坐對移時来見郞送馬于汲
源處入夜對酌汲源先去與春卿終夜穩話是日
約行九十里納一端已先送
廿六日晴酒後困甚頹卧主倅宋康来見于寢房
臨午往見汲源于下處與之步上南山望海小酌
汲源之弟李幼清幼沉等来餘夕主人来到鄭士

重亦自鐵山來過與之對酌乘昏馳到郭山主倅

年兄高曦郎之出見入夜對話而罷花飛九月大

之變也襦紬中秋莫二領鹿皮靴與履子精造以

給多謝

廿七日晴留早朝主人出見對酌午後閔壯元伯

春自 行朝將赴戰所來到與之小酌但連日過

飮氣困太甚不能起頭夜明燈極醉而罷夕陰

廿八日陰晨起視之則窓色已明郎教奴催行主

人來見與對早飯遂携主人同往伯春寢房與話

以氣困未得進一杯握手拜別行到七八里雨勢

大作馳入定州空舘麁陋不可一刻坐[卧]遂來于金
四宰仲叔令公下處終日穩叙尹佐郞慶元與倭
通使往京畿監司處　王子被擄兩令事過去遂
截家[收]書以給　下處郞老妓鸞令家也極精々夕
飯不能進一匙可歎[歎]遂遊白衙進少許是月納行
二十餘里
廿九日陰風力極緊陰雲似収遂催行々至七八
里雨脚高垂荷簑冒寒困憊太甚或雨或止遂歷
納清亭直向嘉山々々主倅之對客款懇無以爲言
夕丁叅判介錫令公自成川來到將往　行在云

十月初一日丁亥晴留安州府允奴来謁白米田
米馬太各一斗送于李進士弘胄處以助不給此
府司饔奉事郭元成来見運会莫之早ㄷ来見崔
深源李弘胄食前来見炊朝以饋之又送白米一
斗於深源處金蘭来見圖進欣奴標木夕都承旨
柳晦夫陪 教書来到司儀李應寅奉印尚衣别
坐姜城一陪衣物亦来郎馳入百祥樓則豊原府
院君柳成龍行四拜禮ㄷ畢與晦夫對坐樓下小
屋郎入謁豊原及晦夫則兩柳移時議事後豊原
君與下處與晦夫同上樓各ㄷ相叙更来于

遂移于西上旁與引儀高應潛同宿是日約行六十餘里

卅日晴早〻啟行直到溥川主倅則赴戰所而流于少時南原称云春存衛軒坐語移時彼氏鄭給白古道一領及粮饌等物繫心後馳到安州故人莫之建今春介友春花康德等来見李進士弘胄適避亂到此来見于下處始見隔世之人深用欣幸崔生貞濂亦同来相見入夜對話而敬憶韓春卿有作宣城之夜敖人逢多少論情日出東不知何日重相見說盡當年未盡衷是日約行七十餘里

十月初二日丁亥晴留安州府仇奴来謁白米田
米馬太各二斗送于李進士弘胄處以助不給此
府司饔奉事郭元成来見蓮令莫之早〻来見崔
深源亭弘胄食前来見炊朝以饋之又送白米一
斗於深源處金蘭来見閭逬欣奴標木夕都承旨
柳晦夫啓 教書来到司儀李應寅奉印尚衣別
坐姜珹一陪衣物亦来郎聽入百祥樓則豊原府
院君柳成龍行四拜禮〻畢與晦夫對坐楼下小
屋郎入謁豊原及晦夫則兩柳移時議事後豊原
急去下處遂與晦夫同上楼寄久〻相叙史来于

主人家則郭奉事元成持酒來話李進士入夜酌
共食後主倅李氏覺來見午後老　春花炊飯
來侑夜細雨下
初二日早進百祥樓路逢辛閑錫聞李判書增來
到郎入謁司達晦天令公寓處　懸心于中
路夕入順川則主倅奇景福赴戰　縣監李應
乾以兼官來在郎來見　對飯夜進上房與晦
天久久敘舊下來于郎廳房則李司儀應寅來到
因邀致主倅及殷山與酌主倅奇公乘昏來到云
雷聲大作風雨交乱殷山乘大醉困執欲還本縣

勢不能挽留許更則雨不克行翌朝發去云朝食
則莫之老物炊飯於李判書相見之後是日約行
八十餘里主倅細一端及雜物多給深謝〻〻
初三日晴早發進殷山縣則姜經翰祥率家小來
到云郎馳見妹氏始知撲司儀叔主及尚左兄被
害驚悼〻〻妹氏見我痛哭不忍對坐主倅送酒肴
與正卿對酌茶淡與縣心并入內使兒輩分食妹
氏赤脫無可給之物只付木花五斤真荏二斗而
以破件氈子付諸正卿邊泣別妹氏還到縣內陪
印章發向溫井院南奉事以信以禮曾假郎廳見

到傳之郎議儀狂節日衆夜還到廣川與李士儀
同宿于院主家有丑子流離者不勝可憐即手給
田米一斗白米二升又與之同食夕飯極稱感謝
而忘其名問則李而京居子校云夜分後姜別監
宗瀧又因議事來到郎還去是日行五十餘里
初四日庚寅晴天未明發行〃到巫山則淳熾及
守童者持沙帽來到又傳 父親之書與受令牌
謄書〃自京中來到始知一家淹在饑饉近〃屢定
不入北道深喜〃〃小婢則已入北道云死生未可
知慮極〃〃自降仙樓越邊乘船直渡騎馬下來于

碑石延處行祗迎禮後與晦夫令公乘馬陪去至
紅門外下馬步進直入大門行禮已畢後
又與承旨行茶禮遂入謁賓廳因。
見柳晦夫朧食時始甫拜下來于
嫂氏下處又訪見匙前阿只
入夜陪　父親論義卌事淳姪
女則同宿于下處李書房宅與壽　則得趯出　小
家而宿是日納行四十餘里
初五日晴早朝備邊司以余差郎廳催來郎入謁
於賓廳言於堂上曰家君方爲禮曹行參議郞人

囊不可爲郎官不得已遞差後可以行公云則遞
差後覲赴任云郎進謁于右相前仍訪鄭頎令公
又訪李壬瑩吉士可香利送田米三斗白米一斗
眞荏一斗于澧閔嫂氏前又各送田米一斗白米
五升於彥聖之女沈書房宅及宋敬祚叔主前訪
洪參議叔主柳晦夫令公南奉事以信諸君盧士
馨令公思遠令公夕來訪
初六日晴聞鄭景眞令公赴 行朝日前進 闕
門則在首台下處云步進下處崔重望在外與之
坐話俄而景眞出來郎與叙別又陳持來毛衣之

意則當使下人持上云因許初同知自新還到主
人家則　又親云黃生貿益中來到傳權生遇害
之言而似有吾一家同入原州山城之奇云汝須
往見黃生而問之聞來不勝驚之至郎走馬訪見
恩遠令公不利因進豊山君下處則豊山專不聞
知又進明遠家則明遠又託他不得已直向下路
偶問一家則郎黃生所寓已為與之對面問其所
聞則荅以善承一家則被害云而知伯事則不得
聞知只以與善承同生之故無乃同入山城耶云
云矣善承之事若非虛傳則非但夫妻遇害二經

亦且難免痛哭〻〻近日生變以後太半虛傳以飛
爲生以生爲死令雖不可謂之的然心事罔極〻〻
遠家獨坐懷抱甚惡明遠自外而來曰廣州之人
今到　閑門傳令公家屬家之事矣郞走馬進去
路逢廣州來人別侍李大男衙前李世坪世增等
問之則令監家屬婦人五六分男女并三十二六
餘九月之初來宿于廣州鄕吏居棋隣家翌日欲
向忠清道云矣今聞此言似非虛傳極喜〻〻但不
知一家渾爲下去耶未能細知此則可慮〻〻郞抵
致在人等炊飯以饋夜訪崔德遠德叙而還

初七日陰沈卓立李士和来見晩食後下細雨與
士和同進海豊下處陪語夕食後訪宋敬祢入謁
妹氏則二女皆穿甲衣極爲吟惻郎送破古道一
領以作者古里使之過冬吾家子女亦無異於此
兒言念稚兒必至凍死心思極悪無以爲心也曰
訪吉士可不利　趙君慎　而還朝前訪見柳晦
夫叙別　下雨
初八日甲午晴食後海豊令監送人邀余郎進去
穏話柳雲甫避亂来到如見已死之人欣幸〻〻夕
還主家則　父親聞李判書憲國自　行到在還

往見云夜深後　親來到則其移他之意則近
無移意將久住此處矣云不堪無聊歩月往訪思
遠令公與話閔副正思權父子　外面邊座語移
時而罷
初九日晴早進李士瑩家不遇仍進　闕門見朴
亨叔送谷山地栝單下來于下處午後訪盧士
楷乎此下並落張

咸平李大司諫壬辰扈從日記終

右故大司諫長浦公扈從日記也粤在　宣廟黑龍之歲
島夷猖獗八域塗炭宗社有去邠之危生靈遭池魚之
禍草萊扈從之臣執紼前導者惟相臣李恒福數
人而已奔竄之際或有告達而逃生者或有不告而避亂
者各自謀生不念　國家之不幸而公以妙歲才學成就
大小科業忠孝家法以至父子隨駕本無際遇之親密
而不顧軀命之保存對人唱說曰今當　國家不幸之時
不以戮力事君者皆是不忠不義之人也聞公之言者多有
興感之心扈從之列乃至七十餘人矣止宿平壤之日　上
命召府居父老賜下米肉緡絮　下教曰賊勢日盛熾

勢不可以一路奔竄 大駕南入宮合分異地侍從諸班
亦爲分離父子之隨來者兄弟之俱來者若爲離亂中
又爲分離則此所謂生離死別之地其爲痛迫當復如
何右尹公年踰八耋位至二品幸賴天祐至孝竟至父
子不離之境侍從諸賢皆曰異哉公奉老親隨 世子
行在所未及田壑右尹公以泄痢之症中途卒逝靖亂
之後以原從一等之功 贈左贊成公草土之身返櫬于青
陽田廬斟此扈從日記落張誤闕者無數故考諸壬
辰錄及搜覓其時扈從子孫家日記如是尾附而又嘗
聞大諫公際于昏亂之朝抵討仁弘爾瞻頑男孝焞謹

窮天之罪一日之內追下餘次啓辭因爲荐棘于巨濟
島以至十六年之久而公之長胤藝文奉敎公以出天
之孝憂毁成疾不幸蚤歲公之仲胤咸陵公參於癸亥
反正之功　仁廟改玉之後即解大諫公荐棘之罪因爲
奉還于靑陽田廬大諫公曰吾之舊君安在因不見
咸陵之面咸陵累年哀乞終不解意故咸陵曰不得
於親而生而何爲靦欲自處乘其大諫公就寢之時
脫衣赤身偷入衾中親接大諫公膚大諫公曰汝誰也
答曰某也大諫公曰某也則吾絶已久矣何以近吾若此
對曰小子罪大不解老親之意而雖有爵祿之高重生

庶使今以後欲爲自虔之計於是一門諸親萬端
矣公因下解意之教又遺教子孫曰官啣必以前朝太
司諫書不書當朝正卿之職其後以咸陵反正之功
贈領議政尤菴宋文正曰李公有伯夷之節也此則尤
菴集所載也公之孫亮谷公以遯學高行爲士友所信
服有鄕賢祠而韓南塘奉安祝文畧叙其大槩矣此
是家乘所傳而吾家累經兵燹傳家文蹟遺失無
餘不肖孫儒敏衰輯諸家傳來之文輔其闕畧沒失
之事薑記其下如右云耳

上之丁卯八月上澣

七代孫儒敏書

호종일기

인쇄일: 2024년 12월 15일
발행일: 2024년 12월 25일
지은이: 편집부
발행인: 윤영수
발행처: 한국학자료원
서울시 구로구 개봉본동 170-30
전화: 02-3159-8050 팩스: 02-3159-8051
문의: 010-4799-9729
등록번호: 제312-1999-074호

정가 180,000원